Este libro pertenece a:

....

Dirección de arte: Trini Vergara
Ilustraciones: Paul Gilligan
Traducción: Silvia Sassone
Edición y diseño: María Inés Linares
Colaboración editorial: Cristina Alemany - Angélica Aguirre

Título original: *On your Mark, Get Set, Grow!*
© 2008 Lynda Madaras

© 2008 V & R Editoras
www.libroregalo.com

Argentina: Demaría 4412 (C1425AEB), Buenos Aires
Tel./Fax: (54-11) 4778-9444 y rotativas · e-mail: editoras@libroregalo.com

México: Av. Tamaulipas 145, Colonia Hipódromo Condesa,
Delegación Cuauhtémoc, México D. F. (C.P. 06170)
Tel./Fax: (5255) 5220-6620/6621 · 01800-543-4995
e-mail: editoras@vergararriba.com.mx

ISBN: 978-987-612-155-2

Impreso en Argentina por LatinGráfica Impresos Offset S.A.
Printed in Argentina

Madaras, Lynda
En sus marcas, listos... ¡a crecer! / Lynda Madaras; ilustrado por Paul Gilligan.
1ª ed. - Ciudad Autónoma de Buenos Aires: V&R, 2008.
80 p.: il.; 22x16 cm.
Traducido por: Silvia Sassone

ISBN 978-987-612-155-2

1. Educación de Adolescentes. I. Gilligan, Paul, ilus. II. Sassone, Silvia, trad. III. Título
CDD 649.12

10

LYNDA MADARAS

En sus marcas, listos... ¡a crecer!

**Todo lo que un chico quiere saber
acerca de su adolescencia**

V&R
EDITORAS

Para Al, el Grande

¡Hola!

Me llamo Lynda Madaras y escribo libros acerca del desarrollo y la pubertad. Además, doy clases y talleres sobre este tema.

Escribí mi primer libro con mi hija, Area. En aquel momento, ella estaba pasando por la pubertad y me dio su opinión acerca de lo que sienten las chicas en esa etapa. Mi segundo libro estuvo dedicado a los chicos, y los varones de mis clases me ayudaron mucho a entender este tema desde su punto de vista.

Han pasado unos cuantos años desde entonces. A lo largo de ellos, he escrito mucho más y he dictado bastantes clases. Cuando estaba por empezar este libro, me comuniqué con mis primeros alumnos; por supuesto, ahora ya son grandes. Fue divertido charlar con ellos; ¡algunos hasta están casados y ya son padres!

Aproveché la oportunidad del reencuentro para pedirles que recordaran cómo habían vivido su pubertad. Deseaba saber qué había sido lo más difícil para ellos. Muchos mencionaron lo mismo: la necesidad de mostrarse como "machos" delante de sus amigos y, al mismo tiempo, los sentimientos contradictorios con los que luchaban y que, con frecuencia, no eran exactamente los de un "macho".

La pubertad despierta emociones fuertes. Es posible que te asusten un poco los cambios que ocurren en tu cuerpo, o te sientas confundido respecto de cómo deberías comportarte. ¡Quizá hasta empieces a ponerte romántico!

Es cierto que muchos chicos creen que al crecer deben parecer "machos". Pero es muy difícil vivir con esa actitud todo el tiempo. De acuerdo con ella, se supone que los hombres "de verdad" no demuestran lo que sienten y nunca experimentan confusión, inseguridad ni temor.

Sin embargo, nada de eso es cierto: los hombres sí pueden estar confundidos, inseguros e incluso temerosos. La verdad es que esas emociones no desaparecen sólo por ocultarlas.

Espero que este libro te ayude a hablar con tu familia acerca de la pubertad y de lo que piensas acerca de ella. Tal vez puedas leerlo con tu papá, tu mamá o algún buen amigo, y comentarlo. Y espero especialmente que te haga sentir bien contigo mismo y con tus sentimientos.

¿Qué es esto de la pubertad?

Un tiempo de grandes cambios

1

Estás creciendo, vaya novedad. ¡No has dejado de hacerlo desde el día en que naciste! Pero esta vez es algo especial.

Quizás hayas notado que tus órganos genitales se están agrandando. Tal vez te hayan crecido algunos pelos en partes de tu cuerpo que antes no los tenían, por ejemplo, alrededor de los genitales. ¡O tu pene se pone rígido con frecuencia, sin que puedas evitarlo! (esto se llama *erección*).

Ante estos cambios tan extraños, puede ser que estés pensando: "¿Acaso soy extraterrestre?".

¡Claro que no! ¡Eres totalmente NORMAL! Es sólo que estás ingresando a la pubertad.

¿Y si aún no te ha sucedido nada de esto? ¿Significa que eres extraterrestre?

¡Por supuesto que no! No has entrado aún en la pubertad, pero tarde o temprano lo harás, como todo el mundo.

¿De qué se trata?

La pubertad es el período en que el cuerpo de un chico se convierte en el de un hombre. Esto no sucede de golpe: puede tardar de dos a cinco años (o más).

¿Cómo empieza? El primer indicio suele ser el crecimiento de los testículos y del escroto. Los testículos son dos órganos en forma de huevo que se encuentran dentro del escroto. Éste es un saco de piel que está detrás del pene.

No todos los chicos notan estos primeros cambios. Luego ocurren muchos otros, que quizá ya conoces. En mis clases solemos jugar a hacer listas de ellos: divido la clase en grupos y a cada uno le doy una lámina del cuerpo de un varón y algunos lápices.

Cada equipo escribe, hasta que les diga que se detengan. El grupo que ha confeccionado la lista más larga, gana. En la página siguiente puedes leer una de las ganadoras.

Tal vez no sepas qué significan algunas palabras de esta lista. No importa: para eso es este libro, para informarte sobre todas ellas.

LISTA DE CAMBIOS

- Aparece el vello púbico
- Creces muy rápido
- Tienes músculos más grandes
- Tus hombros se ensanchan
- El pelo se vuelve más oscuro en tus brazos y piernas
- Crece vello en tus axilas
- Te crecen el pene y los testículos
- Aparecen el bigote y la barba y empiezas a afeitarte
- Sudas más
- Cambia el tono de tu voz
- Cambia tu olor corporal
- Te salen granitos y acné
- Tienes más erecciones
- Empiezas a eyacular
- Tienes poluciones nocturnas o "sueños húmedos"

El punto de partida

No todos los niños entran en la pubertad a la misma edad. Algunos lo hacen cuando apenas tienen ocho años, pero muchos otros no comienzan hasta casi los quince.

"Tengo cincuenta y aún me veo joven. En cambio, algunos de mis amigos tenían barba en el octavo grado y ahora parecen mucho más viejos que yo."

"¡Y pensar que yo creía que estaba 'atrasado' en mi desarrollo! Ahora veo que no era cierto. En realidad, estaba en el término medio."

"Yo era de baja estatura y parecía un niñito. A mi mejor amigo, en cambio, le crecía la barba en toda la cara."

Si empiezas a desarrollarte más tarde, no importa. Tu cuerpo es especial y debes estar orgulloso tal como eres hoy. Además, crecer un poco más despacio tiene algo bueno: puedes disfrutar de comportarte como un niño durante más tiempo.

Con frecuencia, los que entraron más jóvenes en la pubertad hubiesen deseado hacerlo más tarde, para no sentirse tan diferentes de los demás.

"Yo empecé a desarrollarme muy pronto. La verdad es que fue demasiado rápido; no me gustaba ser tan diferente de mis amigos."

Recuerda que todos los chicos son distintos, y que tu cuerpo está creciendo a la velocidad más adecuada para ti. En unos años, ya no importará quién empezó primero o último. ¡Todos serán adultos!

Sentimientos contradictorios

"La pubertad no fue algo que un día sucedió de pronto. Se fue metiendo en mi vida sigilosamente, de a poco."

"Mi primer vello púbico apareció cuando yo estaba en cuarto grado. Me sentí grande."

"Mi hermano se burló de mí cuando empezó a crecerme el vello púbico. Así que siempre que salía de la ducha, me cubría porque sentía vergüenza."

Puedes estar orgulloso de haber llegado a la pubertad o quizá te dé vergüenza o te atemorices un poquito al pensar en todos esos cambios.

Cuando te sientas orgulloso, disfrútalo. Camina con la cabeza en alto. Si estás asustado, ánimo: ¡no estás solo! Hay otros chicos que se sienten como tú. Todos pasan por las mismas etapas. ¡Y todos las superan!

¿Soy un hombre o un chico?

Al entrar a la pubertad, puedes creer que es tiempo de comportarte de otro modo.

"Todos dicen que en esta etapa te conviertes en un hombre. Pero yo sólo quiero seguir siendo un chico. No estoy preparado para ser adulto."

Aún tienes muchísimo tiempo. Aunque tu cuerpo esté cambiando, puedes seguir siendo un niño. Puedes treparte a los árboles, ser "sólo amigo" de las chicas, comportarte como un bobo y jugar. Puedes actuar como adulto por un momento y después volver a ser un chico. Tú decides. ¡Sé lo que quieras ser!

Lo cierto es que la pubertad es una etapa difícil para cualquiera. Pero si aprendes todo lo posible acerca de ella, la pasarás mucho mejor. Lee este libro con tu padre, tu madre o con otro adulto en quien confíes y plantea preguntas. La pubertad asusta menos cuando ya conoces qué te va a suceder.

También es una buena idea conversar con tus amigos sobre los cambios que experimenta cada uno, y hasta hacer bromas al respecto (sin ofender a nadie, claro). ¡Cuanto más sepas y hables del tema, más fácil será!

El desarrollo ahí abajo

2

"Realmente no me di cuenta de que mis genitales estaban creciendo. Cuando apareció el vello púbico, empecé a prestarles más atención. Y entonces vi que tenía los testículos más grandes."

Tus órganos genitales

Los órganos sexuales que están fuera de tu cuerpo son el pene y el escroto. El pene tiene un cuerpo y una punta más ancha llamada glande.

Los chicos inventan muchos nombres graciosos para el pene, como "muñeco" o "amigo". También hay apodos para el glande (a veces se lo llama "cabeza") y para los testículos (estos últimos son de lo más variados y populares).

Los genitales crecen

Los testículos y el escroto se desarrollan primero, al principio de la pubertad. Más tarde, crece el pene. Pero esto no ocurre de la noche a la mañana; tarda de dos a cinco años, aproximadamente. Los médicos describen cinco etapas del crecimiento de los genitales. Mira las siguientes imágenes: ¿puedes ver en cuál de ellas te encuentras?

Etapa 1: La niñez
Todo tu cuerpo crece durante la infancia, pero los genitales sólo un poquito.

Etapa 2: Empieza la pubertad
Los testículos y el escroto comienzan a agrandarse. El pene, en cambio, casi no lo hace aún. El escroto se alarga y puede enrojecer u oscurecerse. Su piel se afina y afloja; lo verás más arrugado.

Los médicos pueden medir el tamaño de los testículos. Si son de 4 ml (abreviatura de mililitros) o mayores, es probable que estés ya en la Etapa 2. Esto puede suceder en cualquier momento entre los ocho y los quince años. En algunos chicos aparece vello púbico durante la Etapa 2, mientras que a otros les crece después.

Etapa 3: El pene se alarga
Los testículos también crecen más durante esta etapa. La piel del pene se oscurece, al igual que el escroto.

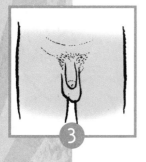

A muchos chicos les empieza a aparecer el vello púbico en este momento.

Etapa 4: El pene se ensancha

También sigue alargándose, pero los cambios principales se ven en su diámetro y en el glande. Los testículos siguen creciendo y el escroto cuelga más bajo.

Casi todos los chicos ya tienen vello púbico cuando empieza la Etapa 4. Pero a algunos no les crece hasta que ésta comienza.

Etapa 5: Adulto

Los testículos alcanzan su máximo desarrollo (en general, entre 14 y 27 ml). El escroto está totalmente desarrollado, como así también el pene.

Circuncisión

Las ilustraciones que ves aquí muestran el pene de un chico que no ha sido circuncidado. La circuncisión es una operación en la que se corta el prepucio. Esta es una parte especial de la piel, que recubre el glande. En general, esta intervención se le hace al niño a los pocos días de nacer. Casi siempre se realiza por razones

circunciso   no circunciso

religiosas (la comunidad judía practica la circuncisión a todos los varones).

En los adultos, el prepucio se puede desplazar hacia atrás, dejando el glande al descubierto. Esto también les sucede a algunos chicos.

Si tú no puedes moverlo, no te preocupes; con el tiempo se aflojará. Pero atención: ¡nunca tires del prepucio a la fuerza!

La higiene es fundamental

Recuerda lavarte los genitales todos los días con un jabón suave y agua. Si tienes prepucio, tira de éste suavemente hacia atrás y lávate también el glande. Si no puedes llevar hacia atrás el prepucio, no te preocupes; lávalo sólo por fuera. En caso de que el jabón te produzca ardor, utiliza sólo agua.

Preguntas y respuestas

P: Mis dos testículos empezaron a crecer al mismo tiempo. Pero ahora el izquierdo me cuelga mucho más que el derecho. ¿Es normal?

R: Sí. En la mayoría de los varones el testículo izquierdo cuelga más bajo y el derecho es un poco más grande. A veces, es al revés. Pero cualquiera de las dos formas es perfectamente normal.

P: ¿Qué debo hacer si me patean en los testículos y me duele mucho?

R: Ponte compresas frías o una bolsa de hielo inmediatamente después del incidente. También es buena idea recostarte. Si el dolor empieza a aliviar en más o menos una hora, lo más seguro es que no sea nada grave. Pero, en caso de que el dolor sea más fuerte, llama al médico o dirígete de inmediato a la sala de emergencias de un hospital. Hazlo también si sucede algo de lo siguiente:

• El dolor no desaparece en una hora.
• Los testículos se ven magullados o hinchados.
• Te resulta difícil orinar.
• Hay sangre en la orina, o tiene color rosado.

Lo mejor que puedes hacer es prevenir. Si haces deportes existe una mayor probabilidad de que te golpees los testículos, así que trata de usar un suspensorio u otro tipo de protección deportiva.

¿?¿?¿?¿?¿?¿?¿?¿?¿?¿?¿?¿?¿?¿?¿?¿?¿?¿?¿?

P: Tengo una aureola marrón alrededor del pene. Siempre estuvo ahí. ¿Qué es?

R: Supongo que estás circuncidado. Si es así, entonces debe ser la cicatriz de cuando te cortaron el prepucio.

¿?¿?¿?¿?¿?¿?¿?¿?¿?¿?¿?¿?¿?¿?¿?¿?¿?¿?¿?

P: Tengo un solo testículo en el escroto, desde que nací. ¿Debo ver a un médico?

R: Sí, aunque no tienes por qué preocuparte. Quizá te dé algo de vergüenza, pero tu médico no se va a sonrojar para nada: ayudarte a cuidar tu cuerpo es su trabajo.

¿?¿?¿?¿?¿?¿?¿?¿?¿?¿?¿?¿?¿?¿?¿?¿?¿?¿?¿?

P: Creo que estoy en la Etapa 3 del desarrollo, y ahora está pasando algo raro con mi voz. A veces se oye alta y chillona. ¿Por qué?

R: Durante la pubertad tus cuerdas vocales se engrosan y alargan. Eso hace que tu voz se oiga más profunda; pero mientras las cuerdas crecen, puede sonar aguda y aflautada.

¿?¿?¿?¿?¿?¿?¿?¿?¿?¿?¿?¿?¿?¿?¿?¿?¿?¿?¿?

¡Pelos por todas partes!
Todo lo que debes saber sobre vello corporal y facial

3

La pubertad es una etapa muy "peluda". No te convertirás en un "niño lobo", pero es cierto que te aparecerán pelos nuevos en ciertas partes del cuerpo. En este capítulo te enterarás de dónde y cuándo puedes esperar tenerlos.

El vello púbico

"Vi que mis hermanos mayores tenían vello púbico y me pregunté: '¿Cuándo me va a crecer a mí?'."

"Yo no quería tener pelos por todas partes. No me gustaba que me creciera el vello púbico."

Los hombres adultos tienen un triángulo de pelos cortos y rizados que les crece alrededor de los genitales. Se llama **vello púbico**. Algunos tienen mucha cantidad, mientras que otros no tanto. Puede ser pelirrojo, negro, marrón o rubio. No siempre es del mismo color del pelo de la cabeza. Empieza a aparecer poco después del comienzo del desarrollo de los genitales.

Etapas del crecimiento

Al igual que los genitales, el vello púbico crece en cinco etapas. ¿Puedes ver en cuál estás?

Etapa 1: La niñez
Posiblemente veas algunos pelos muy finos y cortos que crecen en el vientre y en otros sitios, pero aún no hay vellos púbicos.

Etapa 2: Los primeros vellos
A casi todos los varones les aparecen entre los 8 y los 15 años, pero puede suceder antes o después de esas edades.

Etapa 3: Sigue el crecimiento
Se ven rizados, más oscuros, y cubren una superficie más ancha.

Etapa 4: Vellos aún más rizados y gruesos
Hay más cantidad que en la Etapa 3. Forman un triángulo, pero no cubren una superficie tan amplia como lo harán en la Etapa 5.

Etapa 5: Adulto
El vello púbico forma un triángulo espeso que llega hasta el borde de los muslos.

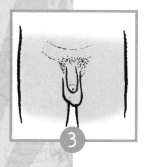

En algunos hombres, se extiende hasta los muslos también, y a veces pueden acercarse al ombligo.

Es posible que el crecimiento del vello púbico no coincida con la etapa de desarrollo de los genitales. ¡Es perfectamente normal!

El vello axilar y corporal

Durante la pubertad, empieza a crecer pelo en las axilas. A la mayoría de los chicos, el vello axilar les aparece uno o dos años después que el púbico. Pero a algunos les surge casi al final de la pubertad. A otros, es lo que les crece primero.

El vello en los brazos y las piernas también cambia durante la pubertad: se hace más grueso y oscuro, y es posible que haya más cantidad. Puede aparecer además en el pecho, los hombros, la espalda, las nalgas o el dorso de las manos. La cantidad de pelo que te crezca depende de tus antecedentes familiares.

El vello facial

"A los 14 años tenía una barba muy ligera. Entonces empecé a afeitarme, pero lo hacía sólo una vez cada tres o cuatro días."

Posiblemente ya tengas bien desarrollados los genitales para cuando te veas por primera vez el bigote. A menudo aparece durante la Etapa 4. En la mayoría de los chicos, eso sucede entre los trece y los dieciséis años.

El primer vello facial te crecerá en las esquinas externas del labio superior. A medida que madures, se hará más grueso y oscuro. La barba y el bigote pueden ser del mismo color que tu cabello o distinto. A los dieciocho años, es posible que ya tengas la barba espesa y gruesa. Pero a muchos hombres les sigue creciendo aún pasados los veinte.

Algunos consejos para tus primeras afeitadas

"La primera vez que me afeité usé la maquinilla de mi padre y me metí en problemas por eso, porque cuando él la fue a usar la encontró arruinada. Estaba emocionado cuando me afeité por primera vez, pero ahora me parece una tarea aburrida, así que me dejé crecer la barba."

Hay diferentes clases de utensilios para afeitarse. Algunos hombres usan afeitadoras eléctricas, pero éstas suelen ser costosas. Otros utilizan maquinillas manuales; algunas poseen hojas intercambiables, y otras son desechables. La mayoría prefiere estas últimas, pues son fáciles de manipular; sin embargo, duran sólo unas pocas afeitadas. Así que tal vez te convenga usar una que permita reemplazar las hojas.

Ten cuidado la primera vez que te afeites; es fácil cortarse. Además, las hojas (especialmente, si ya están gastadas) pueden raspar la piel y provocar una irritación en forma de un sarpullido rojo muy molesto. Pide consejo a tu papá, un hermano mayor o un amigo.

Utiliza agua caliente para humedecer el vello. Después, aplica una crema o gel de afeitar. No uses jabón común porque le quita el filo a la hoja; además, no conseguirás un efecto liso y suave. Deja actuar el agua y la crema unos minutos para que se ablanden los pelos y la hoja se deslice más fácilmente.

Una maquinilla de afeitar corta la barba en ángulo. Las puntas cortadas pueden rizarse y penetrar nuevamente en la piel, produciendo espinillas dolorosas.

Para evitar este problema, aféitate siempre en la dirección en que crece el pelo. Sin embargo, algunos hombres se afeitan a contrapelo debajo de la barbilla, pues así queda más suave. Trata de no hacerlo si sueles tener pelos encarnados.

Aquí tienes más consejos para afeitarte sin riesgos:

· Hazlo lentamente y con la mano liviana.
No pases la maquinilla por el mismo lugar
una y otra vez; no importa si no te sacas hasta
el último pelo.

· Asegúrate de que la hoja de afeitar esté limpia,
afilada y sin melladuras. Cámbiala a menudo,
pues después de cuatro o cinco afeitadas
suele perder el filo.

· Retira con frecuencia el pelo que queda
en la hoja mientras te afeitas, y especialmente
cuando termines.

· Al finalizar, enjuaga la piel con agua fría
y sécate dando golpecitos ligeros (no frotes).
Sentirás la piel muy sensible por un rato.

· Nunca prestes ni pidas prestada una maquinilla;
es antihigiénico y puede contagiar gérmenes.

Preguntas
y respuestas

P: Me empezó a crecer vello púbico y apenas tengo nueve años. ¿Es normal? Mis amigos se burlan de mí.

R: No tienes nada malo. Muchos chicos de tu edad tienen vello púbico. En cuanto a tus amigos, no es mucho lo que puedes hacer al respecto. Tal vez sea mejor reírte con ellos. Después de todo, a ellos también les crecerá y entonces todos estarán en el mismo bando.

P: No tengo mucho pelo en el cuerpo. ¿Será porque soy de ascendencia asiática?

R: No todos los hombres son iguales. Algunos tienen más vello púbico que otros. La cantidad depende en parte de la ascendencia étnica. Es verdad que los varones asiáticos tienen menos que los de otras razas.

P: Me encontré algunos vellos púbicos en mi ropa interior. ¿Es normal que se caigan?

R: Sí. Siempre se pierde pelo de todas partes del cuerpo, y luego crecen otros nuevos en su lugar. Lo mismo ocurre con tu vello púbico.

¿?

P: Si me afeito, ¿el bigote me crecerá más rápido?

R: No, pero tal vez parezca que sí. El pelo tiene punta fina y es más grueso hacia la raíz. Cuando te afeitas por primera vez, estás cortando las puntas finas, que son más difíciles de ver. A medida que el pelo vuelva a crecer, ya no verás esas puntas sino la parte más gruesa del pelo.

¿?

P: Tengo un poco de vello sobre mi labio superior. Me afeito sólo cada dos semanas. ¿Hay alguna forma de hacer que crezca más rápido?

R: No hay forma de acelerar el crecimiento de tu vello facial. Pero eres joven todavía. A muchos varones no les aparece del todo hasta los veinte años.

Crecer, esa es la cuestión

El estirón

4

Crecemos durante toda la niñez, pero durante la pubertad lo hacemos ¡a toda velocidad! A este proceso se le llama *estirón*.

"Medía 1,58 m y pesaba unos 50 kg; era el más bajo de la clase. Después crecí 30 centímetros de golpe y, al cabo de un año y medio, llegué a medir 1,86 m y pasé a ser el más alto."

Casi todos los chicos crecen unos 5 centímetros por año. Pero, una vez que empieza el estirón, algunos pueden ganar hasta 10 centímetros anuales de estatura. La mayoría de los varones aumentan entre 23 y 28 en total.

¿Como Pie Grande?

Durante el estirón te crecerá todo el cuerpo. Pero algunas partes empiezan a desarrollarse antes que otras. ¿Adivinas cuáles? ¡Sí! Los pies.

"Mis pies me crecen tan rápido que, cuando me compro zapatos nuevos, casi no llego a estrenarlos pues enseguida me quedan pequeños. Mamá me dice que terminará en bancarrota por comprarme tanto calzado."

Algunos chicos se preocupan cuando ven que sus pies se agrandan tan rápidamente. Pero no hay razón para alarmarse puesto que pronto su desarrollo se desacelera, mientras que el resto del cuerpo sigue creciendo.

Siguen los huesos largos

Después de los pies, crecen los huesos largos que están en los brazos y las piernas. Empiezan a desarrollarse antes que el tronco, así que pueden parecer demasiado largos en comparación con el resto de tu cuerpo. Quizá te sientas desgarbado y torpe. Pero no te inquietes: en poco tiempo todo el cuerpo quedará proporcionado.

Los extremos de estos huesos son blandos y pueden sufrir lesiones. Así que ten cuidado, especialmente si haces mucho ejercicio.

Entre los 16 y 18 años, esos extremos frágiles se endurecen y ya no hay tanto riesgo de daño.

(Retomaremos el desarrollo de los huesos en el Capítulo 5.)

Las chicas primero

Las niñas también tienen un estirón. Casi todas ellas empiezan alrededor de los 10 años, en tanto que la mayoría de los varones no lo hace hasta los 12 o 13. Por eso es frecuente ver que ellas son más altas que los chicos de la misma edad. Más tarde ellos las alcanzan y, casi siempre, las superan.

¿Cuánto creceré?

Nadie puede decirte con seguridad cuál será tu estatura. Pero hay un par de pistas que pueden ayudarte.

• ¿Ya empezó tu estirón? Si ya eres alto desde antes, probablemente también lo serás de adulto. Si eres un niño bajo, tal vez seas un hombre bajo. Pero no siempre funciona así: algunos niños son de baja estatura antes de la pubertad, ¡pero después están entre los más altos de su clase!

• Si tu papá es por lo menos 13 centímetros más alto que tu mamá, es posible que seas al menos tan alto como él.

¿Qué sucede si alguno de estos indicios dice que serás alto y otro dice que serás bajo? ¡Bueno, nunca dijimos que fueran infalibles! Después de todo, no son más que pistas.

Es importante recordar que la estatura depende de los antecedentes familiares. Así que si tu mamá y tu papá son altos, es posible que tú también lo seas. Y si ellos son bajos, tú lo serás. Aunque, por supuesto, no siempre es algo tan exacto.

¿Demasiado alto? ¿Demasiado bajo?

Muchos chicos no están conformes con su estatura. Piensan que son "demasiado altos" o "demasiado bajos". No es fácil sentirse diferente de los demás.

"Soy muy alto. Creo que debería dedicarme al baloncesto. A veces la gente se burla de mi estatura."

"Soy bajo y lo detesto. Siempre tengo que mirar para arriba cuando hablo con alguien. Daría cualquier cosa por ser más alto."

Lo cierto es que, en realidad, no puedes cambiar tu estatura. Pero recuerda que no necesitas ser alto para ser un buen amigo ni para ser divertido, inteligente o popular.

Desarrolla huesos fuertes

Como durante el estirón tus huesos crecen rápidamente, necesitas mucho calcio, una sustancia que fortifica el esqueleto. Si no obtienes suficiente, tu crecimiento podría frenarse y eso te provocaría serios problemas óseos.

No hay forma de compensar más adelante la falta de calcio, así que asegúrate de ingerir mucho ahora. ¿Cómo? Incluyéndolo en tu dieta y haciendo mucho ejercicio. Bebe leche semidescremada en lugar de gaseosas. Come otros productos lácteos, como quesos y yogur. Algunos alimentos tienen agregado de calcio; fíjate en las etiquetas, háblalo con tu madre.

Además, necesitas vitamina D y zinc. Estas sustancias ayudan a fijar el calcio en tus huesos. La D es "la vitamina del sol" (la exposición a los rayos solares facilita su absorción). Juega mucho al aire libre y come alimentos como carne, pescado y lentejas, que son ricas en zinc.

Necesitas hacer ejercicio también, porque ayuda a que el calcio que ingieres llegue a tus huesos. Entonces, no seas perezoso y ponte en movimiento. ¡Practica deportes!

(Volveremos sobre el ejercicio físico en el Capítulo 5.)

Preguntas y respuestas

P: Me duelen los brazos y las piernas. Me han dicho que son "dolores del crecimiento".

R: Sí, se trata de dolores suaves y un tanto molestos. Los médicos no conocen realmente las causas, pero en general aparecen alrededor de los trece años. Puedes sentirlos en los brazos, las piernas o en otras partes del cuerpo. Tarde o temprano, desaparecen y no vuelven. Si la molestia es constante o muy intensa, consulta a un médico.

P: ¿Qué es la escoliosis?

R: La escoliosis no es común en los varones, pero puede aparecer. Sucede cuando la columna vertebral se curva en forma anormal. En la mayoría de los casos, sólo se necesita hacer chequeos periódicos, para que esa curva no se vuelva más pronunciada. Si tienes escoliosis, tal vez tendrás que usar un corsé por un tiempo, para corregir tu postura.

P: ¿Beber café o fumar frena el crecimiento?

R: No, no dejarás de crecer. Pero como necesitas fortalecer los huesos, no reemplaces con café o té la leche semidescremada u otras bebidas ricas en calcio.

Si fumas, tampoco se detendrá tu crecimiento. Pero fumar es perjudicial a cualquier edad, especialmente durante la pubertad. Tu cuerpo está trabajando mucho para crecer tan rápido y tiene menos capacidad para luchar contra las toxinas del cigarrillo.

¿?¿?¿?¿?¿?¿?¿?¿?¿?¿?¿?¿?¿?¿?¿?¿?¿?¿?

P: Soy muy bajo para mi edad y mis amigos se burlan de mi estatura. ¿Qué puedo hacer?

R: Es difícil tratar a la gente grosera. Puedes ser amable y contestar sus bromas con gracia, o no prestarles atención. Podrías decir simplemente: "No respondo groserías". Quizá no tengan mala intención: sólo no piensan antes de abrir la boca. Otras personas son maleducadas a propósito; no vale la pena preocuparse por ellas.

Más parecido
a un hombre
Un asunto de peso

Durante la pubertad, creces en estatura pero también ganas peso. Parte de este aumento se debe a que los huesos y los órganos se hacen más pesados, igual que los músculos. Los hombros se te ensancharán de tal forma que las caderas se verán más estrechas.

Un chico puede subir hasta 9 kg en sólo un año. En total, la mayoría de los varones aumentan entre 20 y 23 kg. Algunos chicos creen que están engordando, pero no es así.

El despliegue de la fuerza

La fuerza de un varón se incrementa durante la pubertad porque sus músculos aumentan de tamaño. A medida que ganes peso, tus músculos tendrán

más fuerza que los de una niña y adquirirán una forma más "varonil". Este cambio se notará después del aumento de peso y del estirón, y continuará hasta casi los veinte años.

Fisicoculturismo

Todos los chicos piensan que es genial tener músculos grandes y estar en buen estado físico. Pero cuando ven en la TV y en el cine a actores que tienen cuerpos increíbles, muchos suponen que *tienen* que ser como ellos para ser populares y conquistar chicas. Es por eso que empiezan a hacer ejercicios y a levantar pesas.

Lo importante es tener en claro que, por muy duro que entrenes, no tendrás músculos prominentes de un día para el otro. Esto no es posible hasta las últimas etapas de la pubertad. Por eso, ten cuidado con la práctica de actividades como el fisicoculturismo. El entrenamiento tan fuerte puede producir lesiones. Recuerda que durante el estirón, los extremos óseos de brazos y piernas son blandos y se pueden lastimar con facilidad. Antes de empezar a entrenar consulta a un médico, que te dirá lo que puedes y lo que no deberías hacer en la etapa de la pubertad en que te encuentres. No hagas ejercicio por tu cuenta, sino con un entrenador o instructor, y respeta las pautas que él y tu médico te fijen.

Comer con inteligencia

Dale a tu cuerpo la energía que necesita para crecer, comiendo una variedad de alimentos y no demasiado de uno solo. De esa forma, tu organismo recibirá todo lo que necesita. ¡Eso es comer con inteligencia!

Trata de no abusar de la comida "chatarra". Ésta tiene mucha azúcar o mucha grasa (o ambas), y no contiene todos los nutrientes esenciales. Entonces, aprende a elegir los alimentos; después

de la escuela, no engullas una bolsa de galletas o de patatas fritas. Reemplázalas por una manzana o un tazón de cereales con yogur o leche descremada.

Aquí tienes algunos consejos que te ayudarán a comer de forma inteligente y a sentirte bien.

• Cuidado con las bebidas

Reduce el consumo de gaseosas y refrescos de fruta azucarados. Bebe, en cambio, MUCHA AGUA. La cantidad que necesitas depende de tu tamaño, pero trata de beber entre cuatro y ocho vasos por día. La leche descremada o semidescremada también es una buena opción, pues tiene proteínas y calcio.

• Come muchas frutas y verduras

Las manzanas, plátanos, fresas y melones son excelentes. Prueba los vegetales crudos, como zanahorias, para completar un emparedado o una ensalada. Y no te olvides de las verduras de hojas verdes, como la espinaca o la lechuga.

- **Come más harinas**

Los cereales, el pan, el arroz y las pastas te dan energía. Son ricos también en fibras y vitaminas. Prefiere el pan integral al blanco y evita los cereales azucarados, que puedes reemplazar por avena.

- **No olvides desayunar**

Necesitas energía para mantenerte atento y aprender. Está comprobado que a los chicos que desayunan les va mejor en el estudio. Entonces, empieza el día con un buen desayuno. Puedes comer fruta con yogur o cereales con leche semidescremada. El pan integral tostado también es una opción inteligente.

- **¡Tranquilo con la comida chatarra!**

Puedes darte el gusto de vez en cuando, pero trata de lograr un equilibrio. Por ejemplo, si comes un dulce o una golosina en el almuerzo, trata de compensarlo con una fruta cuando regreses de la escuela. Al cabo de un tiempo, ya no tendrás tantas ganas de consumir comida chatarra.

El ejercicio también es importante

Todos necesitamos hacer actividad física, pues nos permite mantener un peso adecuado y quema la grasa de la comida que ingerimos, para que no se acumule. También fortalece el corazón y los pulmones, y ayuda a llevar el calcio a los huesos.

A medida que crecemos, nos movemos menos. Los adultos son menos activos que los adolescentes, y éstos menos que los niños. Esto es normal, pero a veces la gente se vuelve demasiado inactiva: la mayoría de los adultos y adolescentes no hacen suficiente ejercicio.

¡No permitas que la pubertad te vuelva perezoso! No dejes de andar en bicicleta, treparte a los árboles y correr como un niño.

¿Cuánto ejercicio te conviene hacer? Deberías estar activo todos los días. Eso podría significar hacer juegos y deportes, caminar o bailar. Cualquier cosa que te mantenga en movimiento.

Lo ideal es hacer 60 minutos de ejercicio todos los días de la semana. Elige algo que realmente te haga mover. Necesitas respirar mucho y hacer que el corazón bombee sangre con fuerza. Prueba caminar rápido, correr o andar en bicicleta. Entra al equipo de atletismo o de fútbol. Los deportes como la natación y el tenis son también excelentes. No hace falta que seas un gran deportista, pero sí intenta acostumbrarte a mantenerte activo.

Preguntas y respuestas

P: ¿Cuántas porciones de los diferentes grupos de alimentos debo comer cada día?

R: No hay una sola respuesta para todos, pues dependerá de tu edad y del nivel de actividad física que tengas. Para informarte sobre lo que es adecuado para ti, visita el sitio web www.mypyramid.gov/kids. Busca la lista de temas a la izquierda de la pantalla y dirígete a "El plan de mi pirámide". En la pantalla siguiente anota tu edad, tu sexo y el tipo de actividad física que realizas. Finalmente, haz clic en "enviar". La siguiente pantalla te dirá qué cantidades de cada grupo de alimentos te conviene comer.

P: Mi mejor amigo es musculoso y las chicas se le acercan siempre. Pero yo soy alto y flacucho. Ya pasé por mi etapa del estirón y del aumento de peso, pero no tengo músculos grandes. ¿Cómo puede ser?

R: No sé exactamente en qué etapa de la pubertad estás. Quizá tus músculos todavía sigan creciendo un poco más. Pero la verdad es que algunos chicos nacen para ser musculosos, en tanto que otros no. ¡Claro que puedes entrenar y desarrollar músculos! Sin embargo, ten en cuenta que existen tres formas corporales básicas: hay varones que son altos y delgados, otros tienen tendencia a ser robustos y algunos son musculosos y atléticos. No podemos cambiar nuestra forma corporal básica. Entonces, si eres alto y flaco aprovecha lo que tienes: a muchas chicas les gustan los muchachos delgados. ¡Créeme que es así!

¿?¿?¿?¿?¿?¿?¿?¿?¿?¿?¿?¿?¿?¿?¿?¿?¿?¿?¿?

P: Me gusta hacer ejercicio. En el gimnasio, he escuchado hablar sobre los esteroides. Mis compañeros dicen que estas drogas desarrollan más los músculos. Pero hacen daño, ¿verdad?

R: Tienes razón. Nuestro cuerpo fabrica cierto tipo de esteroides; éstos son buenos. Pero los que usan algunos fisicoculturistas son artificiales y dañinos, en especial durante la pubertad: pueden frenar el crecimiento, encoger los testículos, hacer crecer demasiado las tetillas. También producen mal humor o "furia esteroidea" (ataques repentinos y violentos de rabia).

¿?¿?¿?¿?¿?¿?¿?¿?¿?¿?¿?¿?¿?¿?¿?¿?¿?¿?¿?

P: Estoy en la pubertad. Supuestamente debería verme más como un hombre, pero me están creciendo las tetillas. ¿Acaso me convertiré en una chica?

R: No, claro que no. La mayoría de las personas creen que los cambios mamarios sólo les suceden a las niñas. Se equivocan: a los varones también, aunque no tanto como a las chicas. Los pezones se agrandan, las aréolas de piel más oscura que están alrededor se ensanchan. A muchos, además, se les hinchan las tetillas. Esto puede durar hasta uno o dos años y es normal; les pasa a casi la mitad de los chicos.

Olores y granitos

Guía de supervivencia

6

¡El mal olor corporal y los granitos NO SON DIVERTIDOS! Nadie se alegra de que esto forme parte de "la maravilla de crecer". Pero no te preocupes: en este capítulo encontrarás consejos sobre cómo tratar estas molestias.

El sudor y el olor corporal

Sudar es natural y saludable, pues te ayuda a refrescarte cuando tienes demasiado calor. El sudor en sí es inodoro, pero desempeña un papel importante en el olor corporal. Esto es lo que sucede...

Durante la pubertad, el sudor que se produce en lugares como las axilas, la ingle y los pies (zonas adonde no llegan mucha luz ni aire y que son *muy* húmedas) atrae gérmenes. Éstos descomponen las moléculas del sudor y así se genera el olor desagradable que todos conocemos (y padecimos alguna vez).

Para combatirlo, basta con darte una ducha todos los días. Los gérmenes viven también en la ropa sucia, de modo que recuerda cambiarte con frecuencia. Si aun con todas estas precauciones el problema persiste, prueba con un desodorante, que reduce la cantidad de gérmenes y disimula el mal olor. La mayoría contiene antitranspirante, que te ayuda a no sudar tanto. Pero si el que usas te provoca enrojecimiento o ardor, cambia por otro.

Un consejo:

Usa ropa 100% de algodón. Este material deja pasar el aire, y así tu cuerpo se mantiene más seco.

Olor en los pies

"¡Mis pies apestan! Esto me molesta mucho; el olor se siente en toda mi habitación."

Este es un problema muy común entre los chicos. Lávate los pies todos los días y sécalos bien. Usa calcetines 100% de algodón y elige zapatos hechos de materiales naturales, como cuero o tela

de lona, que dejan entrar y salir el aire. Si tu calzado es lavable, lávalo con frecuencia, y no uses los mismos zapatos dos días seguidos. Los talcos o los aerosoles para los pies también pueden ayudar.

Granitos

"Tengo un acné muy, pero muy feo. Me lavo la cara todo el tiempo, pero no sirve de nada. Me cuido en las comidas y tampoco mejora."

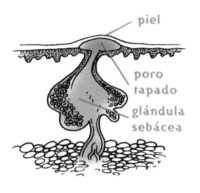

piel

poro tapado

glándula sebácea

Los granitos, las espinillas y otras clases de acné también son parte de la pubertad. Veamos por qué aparecen...

En tu piel tienes muchas glándulas sebáceas que producen grasa. Además tienes unos agujeritos llamados poros. Éstos permiten que la grasa de las glándulas aflore a la superficie de la piel y arrastre también células muertas del interior. Como en la pubertad fabricas más cantidad de grasa, se acumulan más células muertas en los poros. Por eso, éstos se tapan y la grasa queda atrapada. El resultado puede ser granitos, espinillas o acné.

Ahora, la buena noticia: existen varias maneras de aliviar estos problemas de la piel.

Cómo tratar los granos y el acné

No te aprietes los granitos, porque los gérmenes se diseminan y el estado de tu piel empeora. Además, pueden quedarte cicatrices que no se borrarán.

Es importante mantener limpia la piel. Basta con lavarte dos veces al día: por la mañana y antes de acostarte. Usa un jabón suave y sécate dando golpecitos, sin frotar.

Si haces deportes y sudas mucho durante el día, puedes lavarte una vez más. Pero no exageres: no vas a eliminar el acné por lavarte con más frecuencia. En realidad, el exceso de lavado empeora las cosas, pues te reseca la piel; entonces, tus glándulas sebáceas empezarán a producir más grasa y aparecerán aún más granitos en tu cara.

Puedes conseguir muchos productos para eliminar los granitos. Lee las etiquetas y fíjate si dicen "peróxido de benzoílo". Es el mejor tratamiento para el acné que puedes comprar sin receta médica.

Combate los gérmenes y destapa los poros. Pasará un tiempo antes de que veas los resultados; en la mayoría de los casos tarda unas dos semanas, pero pueden pasar hasta dos meses sin que notes algún cambio. Si al cabo de ese tiempo no hay mejoría, consulta a tu médico.

Sigue las indicaciones. No trates solamente los granitos que tienes ahora sino también los lugares donde tuviste problemas hace tiempo.

No abandones el tratamiento apenas se te despeje la piel. Si lo haces, los granitos pueden volver.

El peróxido de benzoílo puede provocar comezón y enrojecimiento. Incluso es posible que al principio tu piel se vea peor. Viene en tres concentraciones: 2,5%, 5% y 10%. Empieza por la más suave. Después de un tiempo, es probable que tu cuerpo se acostumbre al medicamento. Entonces, si es necesario, cambia por el de 5%. Más tarde, quizá necesites el de 10%.

¿? Preguntas y respuestas

P: Mi pelo es mucho más graso ahora. ¿Se debe a la pubertad?

R: Sí. En tu cuero cabelludo también tienes glándulas sebáceas. Éstas "trabajan" igual que las de la piel, y hacen que tu pelo se vuelva más graso. Debes lavarte con más frecuencia que antes.

P: ¿Cómo sé si mi acné es lo suficientemente grave como para consultar a un médico?

R: Plantéate estas preguntas: ¿Has seguido algún tratamiento durante dos meses o más y no has mejorado? ¿En tu familia hay antecedentes de acné? ¿Tu acné empezó cuando tenías apenas nueve o diez años? ¿Tienes en la cara bultos rojos y dolorosos que no se van? ¿Tus granitos te dejan cicatrices?

Si respondiste afirmativamente a alguna de estas preguntas, entonces deberías consultar a un médico.

P: Mi acné es realmente un desastre. Mis padres me dicen: "No es para tanto, con el tiempo se te irá". ¿Qué puedo hacer?

R: Es cierto, en la mayoría de los casos se va con el tiempo. Pero no tienes por qué sufrir mientras dure. Además, no querrás arriesgarte a que te queden cicatrices.

Habla con tus padres e intenta explicarles cuánto significa para ti. Podrías hacerlo escribiéndoles una carta; también prueba mostrarles la respuesta a la pregunta anterior.

¿?

P: ¿Es normal tener granitos en otras partes del cuerpo, además de la cara?

R: Sí. Pueden aparecer en cualquier lugar donde haya glándulas sebáceas. Con frecuencia se ven en el cuello, la espalda, el pecho y los hombros. Esos granos son iguales a los de la cara y se pueden combatir de la misma manera.

¿?

P: Mi hermana y yo hicimos una apuesta: yo digo que los varones tienen más granos que las chicas. ¿Quién tiene razón?

R: ¡Tú acertaste!

¿Qué le pasa a mi "amigo"?

Todo sobre las erecciones

Tu pene se pone rígido y sobresale de tu cuerpo.
Tu escroto está más tenso. Los testículos suben. ¿Qué está
pasando? ¡Estás teniendo una erección!

"Tenerla dura" es sólo una de las expresiones coloquiales
para nombrar una erección. Hay muchas otras: "estar empalmado",
"estar cachondo" y algunas más que tal vez tú también sepas.
Pero, no importa cómo las llames, las tendrás durante toda tu vida,
y con mayor frecuencia durante la pubertad. Veamos cómo se producen.

Erecciones: la historia interior

El interior de tu pene está formado por un tejido esponjoso
que tiene millones de huecos diminutos. La mayor parte del tiempo,
esos espacios están vacíos y el pene es blando. Cuando tienes
una erección, la sangre fluye hasta llenar todos esos pequeños huecos
y por eso el tejido esponjoso se hincha. Entonces el pene se pone rígido,
se agranda y queda parado.

Una erección puede producirse lentamente o en cuestión de segundos. Puede durar bastante o desaparecer enseguida, pero tarde o temprano se va. La sangre se retira, los espacios del tejido esponjoso se vacían y el pene vuelve a estar blando.

Las erecciones y la pubertad

A veces, sólo pensar en el sexo es suficiente para provocar una erección. Pero no siempre se originan así, y eso es especialmente cierto durante la pubertad. Puedes tener una aunque no hagas ni pienses en nada sexual. Se trata de **erecciones espontáneas**.

"Sentía vergüenza de tenerlas delante de mis compañeros de clase."

"Cuando me ocurría, me ponía a pensar en otras cosas, como jugar al fútbol. Hacía cualquier cosa para ocultar a mi 'amigo'."

Sentir que estás teniendo una erección delante de otras personas puede ser embarazoso. Pero no olvides que tal vez los demás no lo noten tanto como tú. Hay varias formas de enfrentar la situación. Por ejemplo, usa una camiseta larga y deja que cuelgue por fuera de los pantalones. Átate una sudadera en la cintura de modo que las mangas te tapen. Cúbrete con un libro, o siéntate cuando notes que está sucediendo. Trata de pensar en cualquier otra cosa hasta que se vaya.

¿Es largo o corto?

Para los hombres, el tamaño del pene es un tema GRANDE. Así que si estás preocupado por el tuyo, ¡no estás solo! Muchos chicos me preguntan acerca de esto.

"Cuando miro a mi alrededor en el vestuario, pienso que todos mis compañeros tienen el pene más grande que yo."

Quizá creas que tu pene es pequeño, pero no olvides que aún estás creciendo. Recuerda que el desarrollo no empieza realmente hasta la Etapa 3, y no alcanza su tamaño completo hasta la Etapa 5. Además, el pene puede variar de tamaño por otras causas: por ejemplo, si hace frío, tiende a encogerse. Tal vez lo hayas observado cuando vas a nadar.

¿Me lo mido?

La longitud del pene erecto se mide desde el punto en que se une al cuerpo hasta la punta. Es fácil hacerlo: sólo necesitarás esperar a tener una erección. Ubica una regla o cinta métrica encima de tu pene y estíralo contra ella tan recto como sea posible (sin hacer fuerza, claro). Presiona uno de los extremos de la regla sobre la zona púbica y después mide la distancia hasta la punta.

Cuando se produce una erección, un pene que es pequeño en estado normal puede aumentar mucho más de tamaño. En cambio, los que son originariamente largos suelen crecer menos al estar erectos.

Quizá creas que hay muchísimos estudios científicos acerca del tamaño del pene, pero no es así. Lo que sí podemos confirmar es lo que se cumple en la mayoría de los hombres adultos (7 de cada 10): los penes erectos miden entre 14 y 17 centímetros de largo.

¿Pero importa realmente cuánto mide? ¡Claro que no!

¿Acaso la gente te juzga por el tamaño de tu nariz o del dedo gordo del pie? Y si lo hicieran, ¡qué tontería!, ¿verdad?

Ángulos y curvas

El ángulo que forma el pene erecto no es siempre igual en todos los hombres: algunas erecciones se dirigen hacia arriba, otras hacia la izquierda o la derecha, y hasta las hay que apuntan hacia abajo.

Estas diferencias son perfectamente normales. Desde luego, si tu pene está erecto sólo parcialmente no tendrá el mismo ángulo que cuando lo está por completo.

Preguntas y respuestas

P: Cuando tengo erecciones siento dolor cerca del glande. ¿Qué debo hacer?

R: Si te duele cada vez que tienes una erección, será mejor consultar a un médico. En realidad, conviene que lo hagas siempre que sientas un dolor en el pene que no desaparece de un día para otro. Pero no te inquietes ni tengas vergüenza; el médico está preparado para cuidar todo tu cuerpo, incluso esa parte.

P: ¿Hay alguna forma de alargar el pene? Mi tío me dijo que me atara algo pesado para que se alargue. ¿Es posible que funcione?

R: No, no funcionará. Por el contrario, si haces eso podrían estirarse los tejidos y causarte un daño serio.

P: Tengo erecciones cuando me despierto por las mañanas. ¿Es normal?

R: Es completamente normal. En realidad, las tienes también durante la noche mientras duermes, sin darte cuenta.

¿?

P: ¿Es cierto que los hombres de pies grandes tienen penes grandes?

R: No existe ninguna relación entre el tamaño del pene y el de cualquier otra parte del cuerpo.

¿?

P: Mi pene es largo pero flacucho. ¿Es normal?

R: Sí. La regla básica es que todo vale.

Una fábrica en acción

Formación de espermatozoides y eyaculación

8

Durante la pubertad, también se producen cambios en los órganos sexuales internos de tu cuerpo. No podrás verlos, pero sabrás que están sucediendo pues habrá indicios externos de ellos.

Los testículos trabajan a toda hora

Dentro de tus testículos se empieza a producir la hormona sexual masculina, llamada testosterona. Las hormonas son sustancias que llevan "instrucciones" a distintas partes del cuerpo, diciéndoles cómo deben funcionar. La testosterona hace crecer tu pene y tus músculos, y aumenta tu fuerza. Además, es la responsable de muchos de los demás cambios de la pubertad.

Los espermatozoides

Además de esta hormona, los testículos empiezan a producir espermatozoides, que son las células reproductoras masculinas.

Se llaman así porque nos permiten *reproducirnos*, es decir, hacer bebés. Cuando una célula reproductora masculina se une con una femenina, comienza a crecer un *embrión* que, nueve meses más tarde, se convertirá en un bebé.

Por supuesto, el hecho de que tengas espermatozoides no significa que estés listo para ser papá. Sin embargo, tu cuerpo ya se está preparando para el momento en que decidas formar una familia.

Tus testículos fabricarán espermatozoides por el resto de tu vida. Producen muchísimos por día. ¡En realidad, pueden hacer hasta tres millones en sólo una hora!

Los espermatozoides son tan diminutos que para poder ver uno necesitarías un microscopio. Se generan en el interior de unos tubos muy pequeños que están dentro de los testículos y forman un tejido. Estos tubitos son tantos que, si se pudiesen desenrollar y estirar de punta a punta, llegarían a medir una longitud equivalente a la de varias canchas de fútbol.

Cuando los espermatozoides salen de los testículos por estos conductos, pasan a otros en espiral, de mayor tamaño. Hay uno encima

Espermatozoide

Tubo en espiral

Testículo

Tubitos pequeños

y por detrás de cada testículo. Allí se almacenan los espermatozoides mientras maduran. Es posible que puedas palpar y sentir estos tubos más grandes.

La eyaculación

Durante la pubertad, los chicos *eyaculan* por primera vez. En la eyaculación, una mezcla de fluidos corporales y de espermatozoides sale por la punta del pene. Veamos cómo funciona...

Cuando un hombre está por eyacular, el pene está erecto. En la figura puedes ver los tubos que ya describimos, conectados a cada testículo. Justo antes de la eyaculación, los músculos bombean espermatozoides a través de estos tubos para que pasen al cuerpo. Allí, se mezclan con fluidos corporales y se forma una sustancia llamada semen. Éste pasa a otro conducto que corre a lo largo del pene (la orina también circula por allí, pero nunca se mezcla con los espermatozoides).

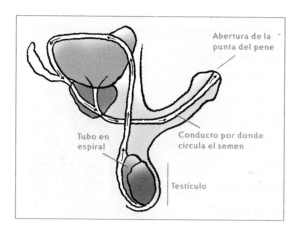

Abertura de la punta del pene

Tubo en espiral

Conducto por donde circula el semen

Testículo

Durante la eyaculación se producen fuertes contracciones musculares que empujan al semen hasta hacerlo salir por la punta del pene. Apenas sale una cucharadita de fluido en total; parece poco, ¡pero contiene entre 300 y 500 millones de espermatozoides!

Después de la eyaculación, el pene vuelve a su tamaño normal; esto puede suceder enseguida, o más lentamente.

¿Cuándo eyacularé por primera vez?

Algunos chicos eyaculan al principio de la pubertad; otros no lo hacen hasta mucho más tarde. La mayoría empieza entre los once y los quince años.

Hay chicos que tienen su primera eyaculación mientras duermen. Cuando sucede así, se dice que tienen un "sueño húmedo", o una "polución nocturna". A veces no saben bien qué les pasó y pueden creer que se orinaron en la cama. El semen puede verse pegajoso o tal vez se haya secado; si está seco, deja una mancha clara en la ropa.

No sientas vergüenza cuando eyacules por primera vez. Después de todo, es el indicio más fuerte de que te estás convirtiendo en un hombre.

¿? Preguntas

y respuestas

P: Me dieron una patada en los testículos mientras jugaba al fútbol, y me dolió mucho. ¿Por qué están colgados ahí afuera, tan expuestos a sufrir un accidente?

R: Es una buena pregunta, y hay una buena respuesta. Como sabes, los espermatozoides se producen en los testículos. Para hacerlo, éstos deben estar a la temperatura correcta, que es siempre un poco más baja que la del resto del cuerpo. Es por eso que los testículos cuelgan ahí abajo en el escroto, donde está más fresco y el aire circula a su alrededor.

El escroto se ocupa de mantener la temperatura adecuada. Si tienes frío, se encoge para acercar más los testículos al cuerpo y así mantenerlos más calientes. Si tienes calor, cuelga más bajo para que puedan enfriarse.

¿?¿?¿?¿?¿?¿?¿?¿?¿?¿?¿?¿?¿?¿?¿?¿?¿?¿?¿?

P: Apenas he eyaculado un par de veces. Se supone que el semen es blanco y cremoso, pero el mío se ve transparente y un poco anaranjado. ¿Por qué?

R: Cuando un chico eyacula por primera vez no hay muchos espermatozoides en su semen, por eso éste es más claro y ligeramente amarillo o naranja. A medida que crezcas, producirás más espermatozoides y entonces tu semen será más cremoso y blanco.

P: Tengo muchos "sueños húmedos". ¿Cómo puedo dejar de tenerlos?

R: No puedes evitarlos. Es simplemente algo que sucede, y son totalmente normales y naturales.

P: Acabo de aprender qué es la eyaculación. ¡Qué asco! ¡El semen y la orina saliendo del cuerpo por el mismo orificio! ¿Es eso cierto?

R: Sí, ambos se eliminan por el mismo orificio. Pero no es asqueroso porque nunca se mezclan ni salen al mismo tiempo. Eso es importante, porque la orina mataría a los espermatozoides.

P: A causa de un accidente andando en bicicleta, tuvieron que extirparme un testículo. ¿Podré ser padre de todos modos?

R: Sí, porque el testículo que te queda producirá los espermatozoides suficientes.

P: A veces sale una gota de líquido transparente de mi pene cuando tengo una erección, antes de eyacular. ¿Qué es?

R: No es semen. Se llama *líquido preeyaculatorio*, pero puede haber algunos espermatozoides en él también.

P: He visto en mi semen algunos residuos fibrosos. ¿Es normal?

R: Inmediatamente después de la eyaculación, el semen es blancuzco y cremoso, pero al cabo de unos minutos, puede cambiar y entonces parece como si hubiese hilitos mezclados en él.

P: Oí decir que si eyaculo muy a menudo, me puedo quedar sin espermatozoides. ¿Es verdad?

R: No, eso no sucederá. Todos los días produces millones y millones. No existe manera de quedarte sin ellos.

¿?¿?¿?¿?¿?¿?¿?¿?¿?¿?¿?¿?¿?¿?¿?¿?¿?¿?¿?

P: Si no eyaculas, ¿qué sucede con todos esos espermatozoides?

R: No pasa nada. El cuerpo los absorbe.

Dueño del mundo

Sé tú mismo

9

Durante la pubertad, adquieres tu propia personalidad. Aparecen más responsabilidades y aprendes que posees el derecho de tener tus propios sentimientos y pensamientos. Quizá tengas otros intereses distintos de los de tu niñez. Todo forma parte de ser tú mismo.

En esta etapa surgirán cosas nuevas y emocionantes. Puedes conocer nuevos amigos; tal vez te entusiasmen otros pasatiempos como leer, o los deportes.

Quizá quieras elegir tu propia ropa, y escuchar música que antes no te llamaba la atención. También puede ser que te intereses más por tu futuro. Es posible que algunas de estas cosas nuevas te gusten y otras te inquieten un poco.

Te sentirás inspirado por momentos, y otras veces abrumado
y confundido. Habrá ocasiones en las que desearás que vuelvan
los viejos tiempos, cuando eras "sólo un niño". Los sentimientos
son contradictorios a menudo; saber esto también forma parte de crecer.

Mantén la comunicación con tu familia

Durante este momento de tu vida, las relaciones entre tú
y tus padres cambian bastante. Antes, eras un niño y ellos te cuidaban.
Te compraban la comida y la ropa, y tomaban por ti casi todas
las decisiones importantes. Pero al final de la pubertad, la situación
será bastante diferente: seguramente saldrás solo a bailar o a reunirte
con tus amigos. Tal vez ganes tu propio dinero. Estarás en pleno
camino de convertirte en adulto: pasarás de ser totalmente
dependiente de tus padres a ser casi independiente. Es un cambio

grande, tanto que es posible que haya algunos problemas en este proceso.

"¿Por qué no puedo volver a casa de madrugada?" "¿Por qué a mis padres les disgustan mis nuevos amigos?" "¿Por qué no respetan mis ideas?" "¿Por qué aún debo irme a dormir a la hora que ellos me dicen?". Todas estas preguntas pueden aparecer en la pubertad, y a veces parecen difíciles de responder.

Tal vez creas que tus padres están "fuera de onda" o que son demasiado estrictos. Pero recuerda, ellos también necesitan ajustarse a los cambios. Este es un período en el que tú y tu familia deben mantenerse comunicados. Así que habla con ellos de lo que piensas y sientes e intenta prestar atención a lo que tengan para decirte.

Cómo decir NO
a la presión de los amigos

• A veces, es tan simple
como responder: "No, gracias".

• No es necesario que entres
en discusiones. No tienes que
defenderte ni buscar excusas
si realmente crees que tienes
razón.

• Es mejor si miras
a la otra persona a los ojos
y la llamas por su nombre.
Puedes contestar: "No, Juan,
no quiero hacer eso."

• Sigue diciendo que no,
aunque te insistan.

• Si de nada sirve, es mejor
que te alejes de la situación.
Puedes decir: "Tú sigue
adelante si quieres, pero yo
me voy de aquí."

Te sorprenderás de lo
efectivos que resultan estos
sencillos consejos.

Los amigos

En la pubertad encontrarás
nuevas maneras de relacionarte
con tus pares, y también con las chicas.
Algunos chicos tendrán muy pronto
enamoramientos o sentimientos
románticos, otros tardarán un poco
más en interesarse en esos temas.
Cada uno tiene sus tiempos.

Es posible que hagas nuevos amigos
o tal vez te apegues aún más a los
de siempre. Por momentos, sentirás
que sólo puedes sentirte bien
si estás con ellos.

La amistad es genial, pero a veces algunos chicos buscan convencer a otros de hacer algo incorrecto. Eso se llama "la presión de las amistades", y puede llevarte a hacer algo que sea ilegal o que viole ciertas reglas, sólo por seguirles la corriente a tus amigos y sentirte parte del grupo. Podría ser robar algo de una tienda, engañar o mentir. También fumar, tomar alcohol o consumir drogas.

Trata de decidir por ti mismo. Resístete a la presión y no te dejes llevar por lo que hace la mayoría si a ti no te parece bien. Por cierto, esto no siempre es fácil, pero forma parte del proceso de adquirir tu propia personalidad.

La intimidación y el acoso en la escuela

Tú sabes lo que es intimidar: es lo que sucede cuando un chico o un grupo de ellos lastima o asusta a otros. A los matones les gusta ensañarse con aquellos a los que les cuesta defenderse solos. Se puede intimidar a alguien físicamente (golpeando o empujando), o haciendo comentarios perversos o bromas pesadas. Y estas situaciones pueden repetirse una y otra vez.

El acoso sexual es parecido a la intimidación: acosar significa molestar. En este caso, implica hacerlo de una manera relacionada con lo sexual, como por ejemplo:

• Hacer comentarios groseros acerca del cuerpo de una persona
• Bromear e insultar
• Bajarle a alguien los pantalones

Todos tenemos derecho a sentirnos a salvo y felices en la escuela, a aprender, estudiar y hacer actividades deportivas en un ambiente cómodo. La intimidación interfiere con ese derecho; puede impedirte prestar atención en clase o integrar un equipo, o hasta caminar tranquilamente por los pasillos.

Cuando otros chicos nos molestan, con demasiada frecuencia los demás nos dicen que no les hagamos caso. Este consejo puede ser acertado algunas veces, pero en la mayoría no da resultado. Alguien debe hacerle frente al acosador. Si te intimidan o ves que a *otro* lo intimidan:

· No temas hablar con un adulto; podría ser tu mamá, tu papá o un maestro. Asegúrate de contarle exactamente lo que sucedió.
· Habla con el director o directora de tu escuela y averigua cómo se castigan allí este tipo de agresiones. ¡El acoso sexual es ilegal, y las autoridades escolares *deben* tomar medidas para que no suceda!

No dejes que un fanfarrón te haga creer que tú no eres una buena persona. Lo eres y mereces el respeto de todos. No dejes que te asusten. Haz lo que sea necesario para que la situación no continúe y, por supuesto, nunca intimides ni acoses a los demás.

El abuso

Tu cuerpo te pertenece. Nadie tiene permiso para tocarte en donde tú no quieres que te toquen. No importa si esa persona es un padre, un familiar, un amigo, un religioso o un desconocido. Nadie debe tocarte de una forma que no te parezca bien.

Si alguien te ha tocado así, no guardes el secreto. Sea lo que sea, tú no has hecho nada malo. Tú eres el niño. No importa lo que te digan, no tienes la culpa y no tienes que proteger a la persona que te hace eso. Habla con un adulto en quien confíes. Cuéntale todo y deja que te ayude.

Palabras finales

La pubertad trae muchos cambios con los que a veces te sentirás bien y otras no tanto. Las hormonas nuevas que tu cuerpo está produciendo afectarán tus sentimientos y tendrás alteraciones en tu estado de ánimo. Es importante que busques a alguien con quien hablar de lo que te preocupa.

Espero que las páginas de este libro te hayan ayudado a saber cómo cambia tu cuerpo, a explorar tus sensaciones y a enfrentar las dificultades del desarrollo.

Pero ningún libro es perfecto: quizá quieras saber más. Tal vez tengas aún preguntas que deseas sean respondidas. Entonces, habla con otros acerca de la pubertad. Plantea preguntas a tus padres, maestros y a otros familiares. No seas tímido; ve a la biblioteca y busca otros libros sobre el tema. Averigua cuanto puedas acerca de este tiempo tan especial de tu vida. ¡Y disfruta el crecimiento!

Índice

¡Tu opinión es importante!

Escríbenos un e-mail a **miopinion@libroregalo.com**
con el título de este libro en el "Asunto"